PLAIDOYER

De Mᵉ de Nibelle,

AVOCAT A LA COUR ROYALE DE PARIS,

POUR

MM. PIÉGARD SAINTE-CROIX, GUÉRIN ET PAOUL,

IMPLIQUÉS DANS L'AFFAIRE DE LA RUE DES PROUVAIRES.

PARIS.
AUGUSTE AUFFRAY, IMPRIMEUR,
PASSAGE DU CAIRE, N. 54.

1832.

PLAIDOYER

POUR

MM. PIÉGARD SAINTE-CROIX, GUÉRIN ET PAOUL.

Messieurs les jurés,

Je vous plaindrais, si vous n'aviez pas à remplir un ministère de justice et d'humanité, qui vous entourera de la reconnaissance de tant de familles dont le sort est entre vos mains. Elles ont une noble confiance dans les juges du pays. Vos noms seront *enregistrés* par la reconnaissance.

Il est douloureux de rencontrer sur ces bancs des gens d'honneur et de probité, parmi lesquels plusieurs d'entre nous comptent des amis qu'ils avoueraient après la condamnation comme après l'acquittement. Déplorable effet des révolutions, qui déplacent tour à tour les juges et les accusés. *Hodie mihi, cras tibi.*

Nous avons sous les yeux de tristes preuves de cette vérité désolante. Elles doivent être la matière de nos méditations. M. l'avocat-général vous a demandé des condamnations pour consolider la révolution de juillet. Par quelle fatalité quatre décorés de juillet sont-ils au banc des accusés? Ceux qui, en 1830, précipitèrent du trône un vieillard *coupable d'avoir mis Paris en état de siége, de s'être défendu avec des ordonnances et un article* XIV *dont on se passe fort bien aujourd'hui,* sont poursuivis comme ayant conspiré le rétablissement de Henri V, pour avoir voulu poser au front d'un enfant, d'un exilé, d'un fils de France une couronne qui, pendant tant de siècles, fut portée avec gloire par ses aïeux.

On a cherché à effrayer vos esprits par l'image terrible d'une alliance carlo-républicaine. Un abîme sépare ces hommes. Leurs doctrines et leurs affections les divisent : il ne peut y avoir entre eux d'autre alliance que celle du malheur. Grâce au pouvoir ils sont unis dans les cachots : plusieurs sont morts en prison; ils sont unis dans la tombe. Grâce à vous l'alliance n'ira pas jusqu'à l'échafaud : ce serait la monstreuse alliance!...

On vous a montré la Vendée et la république agitant au milieu de nous les brandons de la guerre civile. Que M. l'avocat-général se rassure : la Vendée, ce martyr des révolutions, et une république sanglante avec sa pique et son bonnet rouge, ne se donneront jamais la main!...

On a semblé nous interdire de parler de la police. Loin de nous la pensée de sonder les mystères de la rue de Jérusalem. Nous savons que la police doit surveiller ses ennemis; mais son action est toute préventive. Elle retient l'homme sur le bord de l'abîme; elle ne l'y précipite pas. Malheur à ceux qui se feraient un jeu cruel de recruter pour l'échafaud.

La réunion de la rue des Prouvaires allait se disperser. C'était *partie remise,* a dit un témoin. Cependant un agent du pouvoir s'est écrié qu'il fallait *entrer et assommer.* Il a donné l'ordre à ses brigades de se diriger sur la maison du restaurateur Larcher. Un haut personnage de police a fait distribuer des armes *aux conspirateurs.* Ces fonctionnaires sont bien coupables : je les livre à leurs consciences et au jugement du pays.

La police enfin a cherché les mécontens. Elle les a excités, elle les a mis à l'œuvre : la nuit du 1er au 2 février a été *la nuit des dupes.*

Piégard Sainte-Croix et Guérin sont accusés d'attentat et de complot suivi d'actes commis, ou commencés, ayant pour but le changement du gouvernement, l'excitation à la guerre civile. Le premier chef, l'attentat, pèse sur le capitaine Paoul. Ainsi donc, on invoque contre mes malheureux cliens la détention, la déportation et la mort.

L'accusation donne une grande importance à Piégard Sainte-Croix; il ne s'attendait pas à tant de célébrité : je m'occuperai d'abord de sa justification.

Piégard Sainte-Croix est un négociant honorable. Père de treize enfans, il lui en reste encore six. Passementier depuis trente ans, il cherchait dans son commerce les moyens de soutenir sa nombreuse famille. Des conspirations, en le détournant de ses travaux, auraient promptement ruiné sa maison. Ce n'est pas un chef d'atelier, chargé de tant de détails, entouré de tant d'ouvriers étrangers au complot, qui aurait exposé dans une entreprise hasardeuse sa vie et sa liberté. Son secret n'eût pas échappé à sa femme et à ses enfans. Ils auraient arrêté Piégard Sainte-Croix dans ses funestes projets, ils l'auraient arraché, par leurs prières, à des périls pour eux sans compensation.

Les conjurés sont ardens, sombres, dissimulés. Piégard Sainte-Croix, toujours calme, plein d'abandon et de franchise, a une joie inaltérable qui ne s'est pas éteinte en prison. Devant vous, malgré les réquisitions menaçantes du ministère public, il a conservé toute sa sénérité. La probité de ses juges le rassure. La nature ne lui a pas non plus donné une complexion de conspirateur : son embonpoint, sa corpulence, son obésité n'annoncent pas une âme énergique. César disait qu'il ne craignait pas de tels hommes, et que jamais ils ne conspiraient. Un témoin a peint en deux mots mon client. *Piégard Sainte-Croix est un brave homme, rond en affaires, connaissant bien son état. Il lui serait impossible de s'acquitter avec intelligence d'une mission politique quelconque.* Je lui demande pardon de ces révélations; mais je ne suis pas obligé de faire ici les honneurs de son esprit aux dépens de sa vie et de la vérité.

Piégard Sainte-Croix, vous a-t-on dit, avait le titre de général. Piégard Sainte-Croix général! *Risum teneatis.* Je serais en effet tenté de rire si l'affaire n'était pas aussi grave. Mégret était son secrétaire : Mégret sait à peine signer son nom, et Piégard Sainte-Croix n'est guère plus habile; il ne connaît que ses galons.

On lui reproche ses liaisons avec Fizanne, ses voyages, les écrits saisis à son domicile.

Examinons ces faits et surtout les témoignages.

Dermenon, qui ne peut plus prêter serment en justice, Dermenon, qui a eu des rapports avec le préfet de police pour la livraison des armes, aurait appris d'un étranger le nom de Piégard Sainte-Croix : il s'en serait servi pour s'introduire chez la femme Fizanne et obtenir sa confiance. Fizanne et Piégard Sainte-Croix habitaient la même chambre à Sainte-Pélagie; leur intimité et les causes de leur arrestation étaient connues; un intrigant a pu abuser du nom de Piégard Sainte-Croix et à son insu. Ce Dormenon ne sait rien contre mon client : il ne l'a jamais vu.

Thomasset déclare vaguement que Piégard Sainte-Croix et plusieurs autres formaient une ligue pour culbuter le gouvernement, et qu'on faisait des brigades de cinquante hommes. Il ne nous apprend pas quels étaient ces hommes, à quelles conditions ils s'engageaient, dans quel lieu on les réunissait. Cependant Thomasset est bien instruit. Qu'il dise donc tout ce qu'il sait; nous ne craignons pas ses révélations. Ce malheureux, après avoir frappé ses victimes, laisse entrevoir une fausse générosité, de perfides réticences; il s'écrie : Ne me piquez pas ! vous êtes tous des assassins !... Non, non, parlez, Thomasset; votre haine se révèle, votre haine hypocrite tombe. Sur ces bancs vous trouverez, il est vrai, des royalistes, vous ne trouverez pas un délateur, vous ne trouverez pas un meurtrier. Thomasset avoue lui-même que tout le monde le prenait pour un agent de police : il faut en convenir, on l'avait cruellement calomnié. Comment serait-il possible que des hommes qui avaient de lui une telle opinion lui eussent confié leurs têtes et leurs secrets? Guérin surtout, qui signalait le bas espionnage de Thomasset, lui aurait-il appris le nom du chef suprême de la conspiration? Ce Thomasset, dont l'œil est si pénétrant, aurait eu une longue conférence avec de Verneuil : il ne l'a pas reconnu devant le juge d'instruction, il ne le reconnaît pas encore aujourd'hui. Ce n'est pas sur une telle base que vous oseriez asseoir tant de condamnations. Thomasset, grand Dieu! pour guider la justice,... il l'égarerait.

Il allait colportant sa haine contre le nouvel ordre de choses, et un amour effréné pour l'antique race de nos rois. C'est en feignant de tels sentimens qu'il pénétrait dans les maisons. Accompagné de son père, qui n'a pas rougi de souiller ses cheveux blancs par un vil métier, il a osé se présenter chez Bacquier pour lui offrir des plans de conspiration, une caisse, une petite armée. On les a mis à la porte; ils provoquaient des soulèvemens. Si Thomasset a été dans les rangs des conspirateurs, un transfuge appartient tout entier à la police, à ceux qui le paient : il se rend nécessaire par des mensonges, il perd ceux qui ne sont pas coupables pour se sauver. Qu'on emploie un tel homme, qu'on ne le produise jamais comme témoin; qu'il rende des services, qu'on ne lui fasse pas rendre des arrêts. Vous ne confieriez pas, MM. les jurés, votre fortune ou votre honneur à la parole de Thomasset; ne le croyez donc pas lorsqu'il s'agit de la vie de tant d'honnêtes gens.

On arrête Piégard Sainte-Croix, on arrête Fizanne; on demande à l'un connaissez-vous Piégard Sainte-Croix? on demande à l'autre connaissez-vous Fizanne? Ils ne s'étaient pas entendus, et chacun d'eux a répondu négativement : cette réponse est naturelle; elle vient d'un sentiment de prudence et de générosité. Les accusés, dont l'intelligence est assez commune et qui surtout sont étrangers à des informations judiciaires, ont été troublés par l'appareil qui les environnait. Ils ont cru qu'il y avait du mal à se connaître. On trouve mille exemple d'accusés qui nient les faits les plus évidens, les plus simples, les plus insignifians. Piégard Sainte-Croix et Fizanne, revenus d'une première émotion, ont dit une vérité qui n'a aucune portée dans le procès : ils se connaissaient depuis long-temps. Quels sont les actes criminels qu'on leur reproche ? qu'ont-ils fait ensemble de coupable ? Voilà, MM. les jurés, la seule question.

N'oublions aucune démarche du postillon de Sa Majesté Charles X, de ce passementier, de ces graves conspirateurs; épions leurs courses, leurs paroles, toutes leurs actions. Le salut de l'état est compromis; ils seront dénoncés, suivis, surveillés, entourés au moment même de l'exécution de leurs abominables projets. Où vont-ils! à Chantilli, dernière résidence du dernier des Condé, lieu suspect; les Vidocq de village sont en émoi, la brigade de gendarmerie est sur pied, les notes administratives circulent, les deux étrangers sont l'objet d'une espèce de diplomatie entre l'autorité civile et l'autorité militaire; ils ont tenu des propos séditieux dans le café de Maugé; on vérifie cette effrayante inculpation; on entend de suite des témoins; le postillon et le passementier n'ont rien dit; ils ont bu de la bière : voilà le flagrant délit.

Mais le soir les mêmes hommes tiennent des conciliabules dans le café de Créci : la chose devient sérieuse. Plusieurs personnes se rendent dans ce foyer de conspiration. Le maréchal-des-logis, accompagné d'un gendarme, se mêle aux conjurés pour découvrir adroitement le nom du chef mystérieux de cette assemblée nocturne et de son complice. Un homme au visage riant aborde sans façon le chef de la force armée, lui offre des galons et ses services. Pour ne pas être oublié, il lui remet les noms de Piégard Sainte-Croix, rue Saint-Denis, n. 307. Le maréchal-des-logis ne l'oublie pas en effet; il envoie sur-le-champ à Paris un rapport, au commissaire de police du quartier, du personnage important qui a paru à Chantilli. Le gendarme qui suit le maréchal-des-logis a été lié autrefois avec Fizanne; il lui rappelle son amitié, une amitié de gendarme : les deux amis sont inséparables. Le gendarme a ses instructions; il se fait inviter à souper; les actions, les paroles rien ne lui échappe. Il pousse l'obligeance jusqu'à reconduire, à onze heures du soir, à la voiture de Paris, Fizanne et Piégard Sainte-Croix; il s'en sépare difficilement, il suit encore des yeux la diligence.

Piégard Sainte-Croix avait été à Saint-Germain dans la compagnie d'un autre individu. Ils s'étaient présentés chez Jodard, chapelier, avec lequel le passementier était en rapport d'affaires. Ce dernier demanda des adresses; Jodard indiqua M. Dutillet, dit mousquetaire, dont le fils est piqueur dans la maison de Louis-Philippe. Cette circonstance n'empêche pas une visite toute de politesse d'avoir lieu. Piégard Sainte-Croix, voyageur pour son commerce, cherchait de nouvelles connaissances pour étendre ses relations.

Chose remarquable, ni à Chantilli, ni à Saint-Germain Piégard Sainte-Croix n'a fait d'ouvertures ou de propositions que pour l'écoulement de ses marchandises. Ceux dans lesquels il avait la plus intime confiance n'ont rien appris de la bouche de ce courtier d'embauchage. On est donc conduit naturellement à cette conclusion forcée : *Les courses de Piégard Sainte-Croix n'avaient rien de politique.*

Piégard fut arrêté à Versailles le 3 janvier. Le 4, on courut à son domicile, et la perquisition la plus minutieuse ne produisit aucun résultat. Alors il n'avait pas eu le temps de transmettre des avis, de faire disparaître des papiers. Plus tard, il n'aurait pas manqué de donner l'ordre de détruire toutes les pièces suspectes. Sa femme d'ailleurs, instruite par la captivité et les périls de son mari, n'aurait pas eu besoin d'un avertissement. Cependant, qui le croirait, c'est le 7 janvier, dans une seconde visite, qu'eut lieu l'importante découverte. Des écrits que l'on appelle incendiaires furent trouvés, non pas par le commissaire de police, mais par un sergent de ville; ces écrits étaient placés très-ostensiblement et chiffonnés, dans un tiroir de secrétaire. Ce secrétaire avait déjà été fouillé inutilement. La dame Piégard Sainte-Croix, qui n'avait jamais vu le paquet volumineux saisi chez elle, poussa un cri d'étonnement. Elle dit avec l'accent de l'indignation : *C'est une imposture! il n'y avait rien dans le tiroir.*

Mon client, arrêté le 3 janvier, dont le domicile a été exploré le lendemain, ne saurait être responsable de papiers qu'il ne connaît pas, produits depuis son absence, introduits chez lui par une main étrangère. Une allée étroite conduit chez Piégard Sainte-Croix; il n'y a pas de portier; plus de cent individus habitent ou circulent journellement dans la maison; Piégard Sainte-Croix a des chambres à chaque étage; la chambre du secrétaire n'est presque jamais occupée; il ne fallait donc qu'un ennemi à mon client, qu'un homme jaloux de son commerce, intéressé à sa ruine pour introduire furtivement des écrits chez un malheureux prévenu de conspiration.

Ne croyez pas toutefois, MM. les jurés, que si ces écrits appartenaient à mon client, ils seraient des marques accablantes du crime qu'on lui impute.

La liste à laquelle on semble attacher le plus d'importance contient trente noms. Chaque nom est suivi d'un chiffre que l'on suppose être la représentation d'une somme d'argent. Toutes ces sommes s'élèveraient à un capital de 9,192 fr. D'abord comment Piégard

Sainte-Croix, qui a eu tant d'argent pour les autres, n'en a-t-il pas gardé pour lui, car il est très-gêné, et au milieu du désastre du commerce il soutient diffilement sa famille. On trouve à la suite de divers noms les chiffres 359, 497, 825, 893. Y a-t-il une caisse assez riche pour fournir à chaque conjuré, et à des conjurés nombreux, d'aussi fortes sommes? L'accusation elle-même nous apprend que l'on donnait cinq francs aux brigadiers, un franc aux soldats de la milice contre-révolutionnaire. Une telle parcimonie et une telle profusion étonnent également. Piégard Sainte-Croix au moins connaîtrait intimement et serait connu de tous ces privilégiés auxquels il aurait distribué les trésors de la conspiration. Il ne connaît pas la plus grande partie d'entre eux; il n'est pas connu d'eux. Un mot sorti aux débats de la bouche d'un accusé, jette souvent une grande lumière; ces mots spontanés qui échappent à la conscience sont l'expression de la vérité. Rappelez-vous l'exclamation naïve de Vuchard; en apprenant qu'il était inscrit pour 825 fr., il s'est écrié : *On me les doit donc?*

Quelles conséquences mortelles iriez-vous tirer aussi d'une note et d'une proclamation qui ne sont pas de la main de mon client? On fait imprimer de telles pièces quand on veut les répandre. Elles sont séditieuses, j'en conviens; mais la publicité seule fait le délit. Tant que le dépositaire ne les a pas mises au jour, il est à l'abri de toute investigation judiciaire. C'est à MM. les gens du parquet que nous devons connaissance de ces imprécations adressées à la royauté de juillet. Il est permis de maudire chez soi, même par écrit; l'auteur de ces malédictions est ignoré; Piégard ne trouverait pas dans son cerveau la plus faible allocution; il sait faire un mémoire ; là se borne son éloquence. S'il possédait ces écrits auxquels on donne une si fatale interprétation, il les possédait par curiosité ; il n'en a fait aucun usage ; il n'aimait pas, si l'on veut, le gouvernement : on ne saurait pousser plus loin l'interprétation.

Un seul couplet, écrit au haut d'une page, il y a dix-huit mois, par le jeune Piégard Sainte-Croix, semblait d'abord un nouveau sujet d'accusation contre son père. Une chanson vendéenne est une chanson française. Un Français pouvait dire :

Honneur aux fils de la Vendée !...

Loin de nous la pensée d'exalter les courages en évoquant de douloureux souvenirs. Vos cœurs répondront aux nôtres, MM. les jurés, et dans nos tristes jours je ne parlerai pas de l'honneur vendéen, de ce patrimoine immortel gardé religieusement par des martyrs, de ces hommes simples qu'un grand homme (1) appelait des géans, de cette terre sacrée et souvent proscrite où l'on meurt pour des affections et des convictions ; mais je ferai entendre ici un langage de réconciliation, et je répéterai avec vous, avec toute la France :

Paix à nos frères, paix aux fils de la Vendée !...

On oppose à Piégard Sainte-Croix deux listes qu'il avait complètement oubliées, tant elles avaient de prix à ses yeux ; il n'a pas un instant nié son écriture. Examinons froidement les choses. Est-ce à Versailles, Saint-Germain, Poissy, Pontoise que l'on organiserait une émeute qui doit spontanément éclater à Paris ? Un conspirateur se sera empressé de courir chez les complices dont il a les noms pour s'assurer de leur fidélité et s'en-

1 Bonaparte.

tendre avec eux ; Piégard Sainte-Croix a été dans les lieux qu'ils habitent, et il a négligé de les visiter. Que trouve-t-on d'ailleurs sur ces tables de conjurés? *Ildebran*, suisse à la Chapelle ; Boniface, frotteur ; Poulin, tonnelier ; Rueller, suisse à Saint-Denis ; Grison et Pontoit, *de la part d'une femme-de-chambre*. Etrange recommandation pour jouer sa tête et changer la face d'un empire avec des hallebardes. Piégard Sainte-Croix a été chez Suzanne, parce que Suzanne était aubergiste. Comment le nom de Mégret, secrétaire de ce général, auquel du moins les galons ne manquaient pas, se trouve-t-il sur une liste commune? Piégard Sainte-Croix n'avait pas besoin d'une note pour retenir le nom de son homme de confiance, du premier dépositaire de son autorité. Liasse, dont on vient de faire la précieuse conquête, a été oublié ; cependant ce n'est pas un héros à dédaigner ; il commanderait, disait-il, un bataillon. Piégard Sainte-Croix ne parle de conspiration qu'à Liasse, au seul homme qui n'est pas sur ses tablettes : nous reviendrons sur ce Liasse.

Piégard Sainte-Croix a fait comme tous ces commis voyageurs qui recueillent des adresses et cherchent partout avec importunité des personnes qui puissent leur donner des renseignemens.

On a trouvé sur lui une somme de 85 fr. en argent et un billet de banque de 500 fr. C'est là précisément qu'est son entière justification. Il voyageait pour acheter des matières précieuses, de vieilles broderies, de vieilles épaulettes. Ce genre de négoce se fait au comptant : il faut beaucoup d'argent pour peu de marchandises. On ferait très-certainement ces objections à mon client s'il n'avait pas eu sur lui une somme assez forte ; et parce que l'on est réduit au silence sur ce point, on demande compte à un négociant de la possession d'une modique somme de 600 fr. Ce n'est pas lui qui répondra; son ménage est excellent; madame Piégard-Sainte-Croix tient les registres; elle est le receveur; pour les finances c'est elle qui est le général; elle a produit ses livres au commissaire de police. Il a été constaté que, du 30 mai dernier au 11 janvier, la recette s'élevait à 1443 fr. La dame Piégard-Sainte-Croix aurait pu se dispenser d'ajouter que toutes les sommes perçues n'étaient pas inscrites, et qu'elle avait donné 500 fr. en argent à une personne de sa maison pour un billet de banque. Les soupçons de l'accusation s'écroulent complètement.

Mais, nous répond avec force le ministère public, les ateliers de Piégard-Sainte-Croix étaient l'entrepôt général des conjurés de l'Ouest et de Paris; il fabriquait des ceintures et leur faisait appliquer chez la femme Fizanne des fontes en cuir et une giberne. Qui a dit cela? une femme Martin. Nous examinerons ce témoignage.

D'abord on s'étonne à la seule idée de conjurés en uniforme pour marcher dans une émeute. Des hommes qui ceignent tous des bandes rouges et bleues préparent eux-mêmes leur signalement pour la police. Les chefs d'un vaste complot auraient-ils souffert une telle imprévoyance, et de plus une imprévoyance coûteuse?

Piégard Sainte-Croix n'est pas responsable des modifications ou des augmentations subies par les ceintures sorties de ses ateliers. Tous les passementiers fabriquaient d'ailleurs de pareilles ceintures. A qui persuadera-t-on, qu'avec un peu de bon sens, Piégard Sainte-Croix aurait confié un travail si délicat, si périlleux à la femme Fizanne, pour qu'elle le livrât à des ouvrières inconnues, à une femme Martin.

Est-ce publiquement que des armemens incendiaires se préparent? Piégard n'avait-il pas ses gens de confiance? Des femmes inhabiles à l'ouvrage auquel on les employait, étaient un embarras et une charge de plus pour le fabricant. Au-dehors il y avait pour *lui* perte de temps et indiscrétion. Il trouvait chez lui sûreté et économie.

La femme Martin nous apprend que Piégard Sainte-Croix a un fils de quatorze ans et elle accuse ce pauvre enfant. C'est une odieuse dénonciation à ajouter à la première. Du reste, la circonstance nouvelle dont la femme Martin charge sa déposition ne prouve rien. Les enfans de Piégard n'ont rien de mystérieux. Il les montre avec orgueil. Ils sont l'espérance de sa vieillesse et son bonheur.

Piégard Sainte-Croix aurait tenu des propos affreux; il y avait du sang dans ses paroles; il voulait saluer Philippe d'une rude manière. On causait librement des choses les plus effrayantes, des projets les plus exécrables. Dans ces conciliabules de femmes peu choisies, la femme Martin a seule été indiscrète. Aucune voix n'a fortifié la sienne. Elle a entendu pendant quatre jours des abominations. Quoi! elle ne frémissait pas? Elle, si pure, si bonne citoyenne, vivait dans ce foyer de corruption, dans ce repaire de conspirateurs. Il est même présumable qu'elle aura été contrainte de sanctionner ces horreurs, et de parler le langage de ces cannibales qui ne rêvaient qu'égorgemens et bouleversemens; combien le cœur de la femme Martin a dû souffrir.

Elle avait confié aux époux Clozeau qu'elle travaillait à des ceintures, et ils refusent méchamment de convenir de cette confidence. Il n'y a de candeur et de vérité que dans la bouche de la femme Martin.

Une bonne œuvre profite toujours. La femme Martin était dans la plus profonde misère. Depuis qu'elle a déchargé son âme dans une bonne dénonciation, ses vêtemens sont plus propres, sa nourriture est meilleure, l'aisance est revenue. Elle en convient; mais son mari qui manquait d'ouvrage l'hiver en a maintenant. Je le crois. Ce prétendu mari est peintre, et peintre en bâtimens. Les peintres n'ont jamais fait fortune; je ne sache pas que l'époque leur soit favorable; j'en atteste nos ateliers désoccupés.

La femme Martin est enceinte, sa position ne lui permet qu'un ouvrage très-modéré; voilà donc un fardeau de plus dans un ménage pauvre; le moindre surcroît de dépense est un embarras pour la misère; je comprends difficilement la prospérité de la femme Martin. Ce peintre, dont elle usurpe le nom, qui doit la soutenir par son travail, n'est pas son mari; demain il peut l'abandonner; cette femme Martin n'est qu'une dégoûtante concubine.

Vous avez pu remarquer avec qu'elle passion elle a déposé, comme elle désirait avoir raison, et plusieurs têtes sont au bout de son témoignage.

M. l'avocat-général n'a pas exhumé du dossier un renseignement qui pesait d'abord contre mon client; il n'a échappé que par miracle aux cocardes blanches dont un dénonciateur officieux le menaçait. Le président du conseil transmit une note d'après laquelle Piégard Sainte-Croix était gravement inculpé de faire confectionner dans la maison centrale de Melun des tissus blancs, destinés à faire des cocardes blanches. Le préfet de police, le procureur du roi suivirent avec soin ce document. Le directeur répondit heureusement : *On fabrique peu de tissus blancs à Melun. J'ajoute peu de foi à la note de la maison du nommé Deshaies, libéré, escroc, mis en surveillance.* Deshaies espérait se rendre intéressant, mériter des récompenses et joindre ses cocardes blanches aux ceintures de la femme Martin.

J'arrive au point capital de l'accusation.

Deux tambours de la garde nationale de Versailles, Bouland et Liasse ont bâti toute l'accusation. Bouland n'a pas vu Piégard-Sainte-Croix ; Liasse reste seul pour trois têtes d'hommes ; il avoue s'être porté dénonciateur et avoir dénoncé tardivement. Il aurait été amené devant le général, qui lui serra affectueusement la main en lui demandant s'il commanderait bien un peloton ; Liasse répondit : *Je commanderais un bataillon.*

Les déclarations de Liasse fourmillent de contradictions : il a été présenté par Suzanne, ensuite par Mégret, enfin par tous les deux ; aucun argent ne lui a été remis ; un tel homme s'achète comptant et se vend le plus cher possible ; on lui avait appris que des régimens étaient gagnés, qu'il allait propager la sédition. Comment après de telles confidences le renvoyer les mains vides ? Liasse avait la raison troublée par le vin ; il avait bu et bu comme un tambour-major ; il avoue lui-même qu'il était en ribotte ; c'est dans un pareil état qu'on se serait complètement livré à lui. On lui remit une médaille à l'effigie de madame la duchesse de Berri et de monseigneur le duc de Bordeaux. Liasse feignit de s'attendrir, il baisa l'image sacrée *pour la frime*, et, dans le même moment, ce judas politique rêvait une trahison. Quand on lui demanda la médaille comme preuve de la véracité de ses déclarations, *il l'avait malheureusement perdue* ; il l'a retrouvée : on s'y attendait; elle se vend dans tous les magasins, tout le monde la possède; le maire de Versailles remit à Liasse, en échange, une pièce de cinq francs; il avait besoin de cet encouragement; il ne comprit pas l'affront de cette prime de dénonciation. On lui a arraché le bâton de tambour-major; vous ne croirez pas, ainsi qu'il le prétend, qu'un officier, que M. Closse lui a fait une injustice pour placer un protégé. Liasse, autrefois avait traîné dans la boue le buste de Napoléon, son bienfaiteur; Mégret s'est écrié avec l'indignation d'un vieux soldat qui a du cœur, que cette lâche action n'était pas d'un honnête homme. Liasse avait indiqué une caserne dont les caves recélaient un dépôt d'armes; il n'y a pas de caves sous cette caserne. Bulh avait touché 50 fr., et Bulh, qui serait plutôt hostile que favorable, affirme qu'il n'a rien reçu. Il a été impossible à l'accusation de constater une seule vérité sortie de la bouche de Liasse.

J'arrête votre pensée, messieurs les jurés, sur une remarque qui ne vous aura pas échappé, et qui est décisive au procès. Il y avait vingt-huit soldats dans l'auberge de Suzanne; c'est à eux qu'on se serait adressé. Aucune tentative n'a été faite, et cependant Piégard Sainte-Croix, entouré de son état-major, devait mettre à profit l'enthousiasme de Liasse. Puisqu'il savait si bien boire, on lui eût remis de l'argent pour faire boire les militaires et sonder au moins leurs dispositions.

Ainsi donc, un forçat libéré, un témoin de police, un homme ivre, une prostituée, voilà les témoins qu'on nous oppose. Je suis obligé, malgré ma répugnance, de vous rapporter la biographie dégoûtante et encore bien imparfaite de nos accusateurs.

J'aurais pu ne rien contester, car en admettant même comme vrai tout ce qui est reconnu faux, il n'y aurait matière à aucune condamnation.

Piégard Sainte-Croix a été arrêté le 3 janvier, et on prétend le lier comme complice à un attentat commis le 2 février; il faut qu'il ait participé à l'action et fourni des moyens d'exécution. Croirez-vous jamais que des paroles échangées rapidement avec Liasse, que les propos et les ceintures dont nous entretient la femme Martin, des écrits enfouis dans un secrétaire, ont produit les clefs des Tuileries, la réunion chez Larcher, ce vieillard mystérieux s'attachant à Poncelet comme un mauvais génie, la mort d'un sergent de ville? En admettant que des probabilités aussi légères dussent livrer tant d'hommes à l'échafaud, je trouverais la justification de mon client dans les rigueurs mêmes dont il a été l'objet. Les pensées d'un homme en prison ne sont pas celles d'un homme en liberté; mille réflexions, mille souvenirs déchirans amollissent le cœur le plus inébranlable; c'est la volonté qui fait un complice, et cette volonté change dans un cachot: une femme et des enfans ont de l'empire sur un captif. Ils lui auraient dit: « Où nous ont tous conduits les rêves d'une âme généreuse? Dans ton obscurité tu as pensé renverser un trône et relever une monarchie; en servant des princes dont le ciel seul doit juger la cause, tu nous as tous trahis; renonce à des projets insensés, et ne consomme pas la ruine de ta maison. » Comment affirmerez-vous, messieurs les jurés, qu'un regret, qu'un instant de repentir ne soit pas entré dans l'âme de l'accusé? un reproche sanglant poursuivrait éternellement un jury qui aurait déclaré un détenu complice d'un fait accompli un mois après son arrestation; mais je n'ai jamais été inquiet pour la vie de mon client, c'est sa liberté que je vous demande.

M. l'avocat-général nous a accusés comme en police correctionnelle; il a toujours raisonné ainsi : *Le fait st-il constant?*

Il s'agit d'un complot, d'un délit complexe; notre crime est exceptionnel, il est tout dans la pensée; il faut donc que l'accusation prouve l'existence de toutes les conditions prescrites par la loi. On vous a parlé d'embauchage, de distribution d'argent; l'embauchage n'est punissable qu'autant qu'il y a enrôlement de soldats; dans la cause, il ne peut être produit que comme élément du complot. Aujourd'hui nous avons deux degrés de complot, le complot simple, le complot composé, suivi d'un acte commis ou commencé; c'est l'attentat du Code de 1830.

Le complot est la *résolution d'agir*, *concentrée* et *arrêtée* entre *deux* ou *plusieurs personnes*; résolution *d'agir*, volonté ferme et réfléchie sur un but déterminé. Si cette volonté est solitaire le législateur ne s'en occupe pas, elle n'est pas dangereuse; mais, lorsque deux personnes se sont communiqué la résolution de frapper le prince, le péril commence. Si l'une d'elle avait la *résolution* d'insurger une partie de la France, si l'autre avait la *résolution* d'aller s'emparer des ministres ou des Tuileries, ces deux résolutions seraient divergentes; il n'y aurait pas unité dans le but : il n'y aurait pas résolution d'agir dans le sens de l'art. 89 du Code pénal, la pensée des conspirateurs ne se confondant pas dans un but commun. Ce premier degré franchi, il faut encore que la résolution d'agir soit concertée; c'est-à-dire qu'il y ait délibération sur les moyens à employer, le plan à suivre, le rôle à remplir dans ce drame criminel. La conjuration arrivée à ce degré de maturité n'est pas encore arrêtée ; une dernière réflexion peut retenir celui qui envisage toutes les chances de l'exécution, qui calcule l'étendue de ses obligations envers les conjurés, les flots de sang qui vont couler. Au moment d'agir, souvent on juge différemment l'action que l'action éloignée, et l'on rejette une immense solidarité. Il est indispensable qu'il soit bien arrêté que l'on agira et par les moyens qui ont été discutés.

César s'avance sur Rome; la vue d'un ruisseau le retient un moment; il délibère, il voit avec émotion le sol de sa patrie, il passe le Rubicon; sa résolution est arrêtée. Coriolan aux portes de Rome ne résiste pas aux larmes de sa mère; il renonce à ses projets parricides; sa résolution n'a pas atteint le dernier degré qui fait la culpabilité.

Vous dirai-je encore que le complot est un contrat de société dans lequel tout a été fixé, le but de l'engagement, les fonctions de chaque associée, les moyens mis en œuvre pour assurer le succès de la société. Supposez que vous soyez nommés arbitres pour décider si le contrat existe et décerner des récompenses et non des peines, verriez-vous le lien légal dans ce contrat informe que vous présente le ministère public, et accorderiez-vous à mes cliens l'honneur de l'association ? cette doctrine est celle du parquet. Je vous ai lu ce qu'écrivait M. Berville à une autre époque; et M. Barthe, garde-des-sceaux, ne désavouerait pas ce que disait M. Barthe avocat dans la conspiration de Belfort. Les principes sont immuables.

Qu'a-t-on produit contre Piégard Sainte-Croix ? Des écrits; mais ils n'offrent même pas une résolution isolée. Tout est vague; aucun but n'est annoncé.

On parle de la maison Fizanne, du voyage à Versailles. Qu'a-t-on résolu? Où est la délibération? Où sont les moyens, le plan, les rôles, l'époque, l'exécution? J'entends des propos sans fixité au milieu d'un public d'ouvrières; on laisse entrevoir à Liasse la possibilité d'un autre avenir. Je vois du mauvais vouloir, de l'hostilité, si l'on veut même des machinations. Je ne rencontre nulle part le complot avec ses conditions sacramentelles et ses durs châtimens (1).

Il y aurait dérision à discuter si des actes ont été commis ou commencés un mois avant l'attentat.

Je m'empresse d'arriver à la justification de Guérin et de Paoul.

Guérin a connu bien jeune le malheur. A seize ans, il avait perdu son père et une brillante fortune. Son père, lieutenant de vaisseau, avait, pendant vingt-quatre ans, servi la France, il avait reçu de glorieuses blessures à son bord. Guérin, destiné à la marine, vit dans un seul jour s'évanouir toutes ses espérances; il ne lui restait que son industrie et une vieille mère à soutenir. Mais qu'une mère donne de courage! Guérin vint à Paris, entra dans une maison de commerce où sa bonne conduite le fit distinguer. Il ne tarda pas à obtenir un emploi lucratif dans la maison de Sa Majesté Charles X. Voilà, Messieurs, ce qui l'a mis en relation avec des employés dont il plaignait l'indigence et partageait la mauvaise fortune. Étranger aux intrigues, ennemi de toute violence, personne n'était moins propre que lui à diriger une conspiration. Depuis six mois il est victime du rôle qu'on lui prête et qui s'est

(1) Nous épargnons aux lecteurs le développement que le point de droit et son application ont eu dans la discussion.

complètement évanoui aux débats. Il a cruellement expié son attachement pour ses anciens maîtres.

Je suis obligé de revenir encore à Thomasset. J'en parlerai en peu de mots ; il n'a rien précisé contre mon client ; il a dit seulement que Guérin devait être un chef. Quel commandement avait-il, qu'avait-il résolu ? C'est ce que Thomasset ne saurait nous apprendre malgré sa bonne volonté. L'opinion que Guérin avait de ce témoin ne l'engageait pas à lui faire des confidences. Toutefois Guérin a vu Thomasset ; oui, sans doute, c'est un malheur. Il s'agissait entre eux d'actions sur le passage Delorme, Thomasset n'en disconvient pas ; mais il profite d'un rendez-vous d'affaires pour y mêler quelques mots de conspiration. Ne saurait-on aborder cet homme ou lui rendre service sans être exposé à de venimeuses morsures ?

La femme Martin qui est un autre Thomasset pour l'audace et la trahison, et dont l'associé exploite les faveurs de Vidocq, prétend que Guérin, chez la femme Clozeau, a parlé de conspiration et des hommes sous son commandement. Guérin, à la première vue, se serait ainsi confié à elle, et cela sans aucun but, seulement pour alimenter la conversation. La femme Clozeau ne peut sortir de la tombe pour donner un démenti au témoin ; mais elle n'aurait pas gardé seule le poids d'une telle confidence ; ce n'est pas là un secret de femme ; Clozeau en saurait quelque chose. La femme Martin le comprend aux débats. Pour la première fois, elle accuse Clozeau d'avoir tout appris, et cela parce qu'il ne veut rien savoir. Ce témoin irréprochable dont on peut fouiller la vie, est accusé à son tour ; la femme Martin se justifie par une dénonciation d'audience.

Sous Tibère, on fit métier de délation, et la délation devint une profession lucrative.

Je passe aux seuls points qui puissent fixer votre attention.

On a saisi chez Toutain deux reçus de chacun dix francs au nom de Guérin : voici l'explication bien simple donnée par Toutain. Des hommes qui lui faisaient pitié lui demandèrent de l'argent à emprunter, il n'en avait pas ; il emprunta *trente francs* à Guérin sans lui faire connaître les causes de cet emprunt ; il voulait avoir un titre contre ses débiteurs ; il exigea des reconnaissances. L'idée bien malheureuse pour celui que je défends, vint à Toutain de faire faire les reçus au nom de Guérin, espérant par là engager davantage ses obligés.

Les conspirateurs n'ont pas de comptabilité ; on n'exige pas des obligations de ceux auxquels on remet de l'argent pour une cause que la loi punit de mort. Ou l'argent a été donné, et alors pourquoi un titre contre le donataire? ou l'argent a été prêté, et alors le fait n'a rien de criminel. On ne prête pas à celui que l'on s'associe pour une mauvaise action ; on achète sa complicité.

Toutain emprunta trente francs, et ne prêta que vingt francs ; Guérin ne s'occupait donc nullement de l'emploi de cet argent. Les reçus auraient été dans sa possession s'ils l'avaient concerné, s'il avait voulu en faire usage : on ne saurait lui imputer l'œuvre d'un tiers.

On n'a rien découvert chez lui que l'on puisse incriminer, et cependant il n'avait pas caché ses papiers politiques. Qu'a produit une perquisition sévère? Deux chansons que Guérin possédait depuis long-temps, un fragment des cancans spirituels de M. Bérard. On s'est emparé de ces pièces pour s'emparer de quelque chose; assurément elles n'ont rien de relatif à une conspiration.

Le *dix-neuf décembre* un repas de conjurés a eu lieu à la barrière de l'Etoile, chez Thomain, restaurateur; Pavart a été reçu brigadier.

En effet, Messieurs les jurés, ce Pavart écrit le *seize janvier* au préfet de police pour lui confier le secret dont il est le dépositaire depuis un mois. D'après cette lettre on lui a fait seulement des propositions d'embauchage; il est entendu le 26 par le juge d'instruction. Alors il a une liste de conjurés. Guérin l'a nommé brigadier, Pavart a un commandement. Le malheureux espère que la main qui frappe dans l'ombre restera ignorée, il le veut du moins. Il dit au magistrat que Guérin l'a menacé de l'assassiner et le conjure de ne point le faire paraître aux débats; il ne soutiendrait pas les regards de sa victime. Guérin assassin! Ah! Messieurs les Jurés, tout son sang, le sang de son père qui a coulé pour le pays bouillonne à cette seule idée. Pavart a retracté devant vous une telle atrocité, il confesse un faux témoignage. Pavart est jugé. J'aurai cependant la force de le suivre dans ses contradictions; car c'est sur lui que s'appuie toute l'accusation: Pavart dispose de la vie de Guérin!....

Aujourd'hui l'accusé n'a plus un grade supérieur; Pavart a été reçu brigadier par tous les assistans; ils étaient égaux, ils étaient chefs, et tous ces chefs se réunissaient pour délibérer, pour procéder à une réception, à un rez-de-chaussée, dans une salle commune, ouverte à tout le monde, près le comptoir; ils pouvaient être vus, entendus, arrêtés. On ne court pas de tels périls sans prendre de précautions. Pavart initié, non pas comme simple affilié ; mais comme directeur de la conjuration ; Pavart chargé d'organiser a dû recevoir des instructions sur le classement des hommes, sur la manière de les réunir, de les armer ; il a sans doute un mot de ralliment ; il sait à quel signal il se lèvera, qui lui donnera des armes ; Pavart ne sait rien, il n'a rien appris, il ne peut rien nous apprendre.

Thomain aura eu connaissance d'une réunion formée dans son restaurant ; douze personnes ne seront pas entrées sans être aperçues par lui ; il les aura très-certainement remarquées dans une pièce où il va à chaque instant. Les convives auront d'autant plus fixé son attention qu'ils ne sont pas nombreux à la barrière de l'Etoile, surtout les jours ordinaires. Douze personnes à la même table, c'était un événement pour Thomain ; d'ailleurs des conjurés sont généreux, ils font beaucoup de dépenses, ils sont bruyans, ils auront laissé des souvenirs. Thomain ne reconnaît personne ; il jure qu'aucune réunion n'a eu lieu chez lui dans le mois de décembre. Il faut donc renoncer au témoignage de Pavart ; mais pour l'accuser je ne veux d'autre attestation que la sienne ; il y a une grande turpitude dans la naïveté de ses aveux.

Lui et Chocart, comme lui sans travail, et dans la misère, apportaient de fausses listes sur lesquelles ils inscrivaient tous les noms qui leur passaient par la tête. Une conspiration ainsi faite ne serait qu'une conspiration imaginaire. On demande à Pavart les motifs d'une telle conduite : il répond qu'il n'agissait ainsi que pour recevoir 5 fr. Je le repète : *Pavart est jugé*. L'honneur se soulève, un profond dégoût attriste le cœur.

En nommant Pavart brigadier, on lui donna 5 fr. La somme était considérable pour un chef ; on ne lui donna rien pour les hommes qu'il devait recruter. Cependant, c'est avec de l'argent que l'on recrute. En vérité tout cela serait ridicule, si tout cela n'était pas révoltant; je vous ferais injure en insistant davantage.

Au surplus point de résolution d'agir, concertée et arrêtée, partant point de complot.

Je termine : je réclame encore votre attention, Messieurs les Jurés, pour M. Paoul.

Soldat en 1809, il a passé par tous les grades, il a fait les campagnes d'Espagne, de Portugal et de Prusse. Fidèle à ses devoirs, son sang a souvent coulé pour sa patrie. Il était capitaine en 1827, il fut mis en congé provisoire en 1830; il n'a pas donné sa démission comme l'a prétendu M l'avocat-général; au reste, honneur à ceux qui n'ont qu'un serment; de tels hommes sont rares aujourd'hui !... ne changeons pas en crime les délicatesses de la conscience. Paoul se livra à l'étude; il suivait des cours publics; entièrement adonné au travail, il vivait dans la retraite, rue des Cholettes, sur les hauteurs du quartier latin. Sa cause est fort simple, et fort sérieuse d'après l'accusation : on ne le mêle à aucun complot.

Depuis six mois il parcourt les prisons et les maisons de santé comme coupable d'attentat. C'est la mort, la mort seule que l'on demande contre lui. La mort!.. il l'a chercha au champ d'honneur en combattant pour son pays. La mort !... il a déjà failli la trouver dans l'air contagieux de Sainte-Pélagie; c'est encore bien languissant qu'il s'est traîné devant ses juges; il compte sur leur justice; ils ne seront pas plus terribles pour lui que le fléau qui l'a épargné.

Paoul donnait des soins à son frère malade; ce frère

est marchand de vin, rue Montmartre ; l'accusé passait ses journées et une partie de ses nuits auprès de son frère. Dans la maison il y a un grand mouvement de personnes qui connaissent Paoul, et que Paoul ne connaît pas, du moins de nom.

Il fut le 1er février, à une heure, à l'intendance militaire, rue de Verneuil, chercher son modeste mandat de demi-solde ; il passa ensuite au trésor pour toucher son traitement ; de là il se rendit dans la rue du 29 Juillet, puis au Gros-Caillou pour visiter des personnes qu'il ne put rencontrer. Paoul entra aux Invalides où des curieux examinaient des canons nouvellement arrivés ; il gagna le Luxembourg par les boulevarts ; c'est dans ce trajet qu'une personne lui dit : « J'ai vu votre frère à midi, il est plus mal, il désire » vous voir. » Paoul dîna chez sa tante, rue Mouffetard, où il resta jusqu'à neuf heures du soir, lut les journaux à l'Estrapade, et rentra à onze heures. Ce n'est pas par un emploi aussi simple de son temps, une promenade au Gros-Caillou, aux Invalides, au boulevart du mont Parnasse, au Luxembourg, par un dîner chez une tante, rue Mouffetard, par une paisible lecture au moment de l'exécution qu'on se prépare à une vaste conspiration prête à éclater, et dans laquelle on va jouer sa vie et tout son avenir. Ce calme de l'âme n'est pas naturel dans de telles circonstances ; une grande agitation est inséparable d'un grand projet. Paoul eût été aux renseignemens, il eût vu les conjurés ; on ne se précipite pas dans un immense danger sans se concerter avec ses compagnons de gloire ou d'échafaud.

Il a été impossible à l'accusation d'établir le moindre rapport entre Paoul et les personnes impliquées dans la conspiration. Qu'aurait-il donc été faire chez Larcher, parmi tous ces hommes au milieu desquels il n'aurait pas rencontré une seule connaissance? j'entre dans le système du ministère public; j'y trouve encore l'absolution de mon client.

Une perquisition chez Paoul n'a produit aucune charge. C'est ici, messieurs les jurés, que nous pouvons vous signaler une de ces circonstances fatales qui servent de preuves pour condamner l'innocence. On ne saurait trop se mettre en garde contre les présomptions, contre toutes ces inductions tirées d'un écrit de l'accusé. En ouvrant l'agenda de Paoul, le commissaire de police lit ces mots : *rue des Prouvaires*. Quelle découverte! on conspire dans la rue des Prouvaires à deux heures du matin, et Paoul est dans la direction de cette rue avec une adresse; Paoul est un conjuré. En examinant avec plus de soin, on trouve : *rue des Prouvaires*, *voitures de Belleville*. En effet, il y avait des voitures pour Belleville dans cette rue. L'adresse accusatrice avait dix-huit mois de date, elle était confondue avec d'autres; les mots, *voitures de Belleville*, de moins sur l'agenda, et l'accusation était menaçante, et la mort planait sur mon client.

Paoul rentre; il annonce qu'il sortira pour se rendre auprès de son frère malade; il avait quelques mots à écrire; il allume une cheminée à la prussienne; la chaleur et la fatigue l'assoupissent; il s'endort. A deux heures il s'éveille et éveille Boulanger; il lui demande s'il veut l'accompagner; c'était le moment de confier à cet homme les projets qu'on avait sur lui; on ne prend pas de vive force un complice; agir autrement, c'eût été emmener contre soi un fâcheux témoin en cas de non succès. Paoul emporte un manteau que la police a saisi et ne lui a pas rendu. S'embarrasse-t-on d'un manteau pour combattre?

Paoul avait touché sa demi-solde le matin. Boulanger faisait sa chambre, battait ses habits, nettoyait ses bottes; il lui remet cinq francs en lui disant : *nous compterons*. Compte-t-on avec un homme pauvre que l'on entraîne dans un grand péril? on tente sa misère par des cadeaux.

Boulanger est d'une force de corps remarquable, et d'une faiblesse d'âme plus remarquable encore. La vue d'un agent de police le ferait trembler; il se prosternerait devant lui comme un Indien devant ses fétiches, comme un Tartare devant le grand Lama. Paoul connaissait ce caractère pusillanime; comment se serait-il adressé à Boulanger?

Paoul, contre toute espérance, rencontra un fiacre; il aurait dû renvoyer son portier; une inspiration du ciel le lui fit sans doute garder pour sa justification; il ordonne au cocher de le conduire rue Montmartre n° 29. Paoul a donné la description du fiacre : pourquoi la police ne l'a-t-elle pas découvert, pourquoi n'a-t-elle pas vérifié de suite l'allégation de Paoul? Son premier mot à ceux qui l'arrêtèrent, fut : *je vais chez mon frère, rue Montmartre*. La déclaration du cocher était décisive; on était pressé d'emprisonner; la justification viendra après. Elle a été tardive; il a fallu six mois à Paoul pour arriver jusqu'à vous et vous demander la liberté.

On avait été jusqu'à reprocher à Paoul la marche suivie par sa voiture. On prétendait que la course était moins longue par la rue St.-Denis et le marché des Innocens. Quand on monte dans un fiacre on ne trace pas d'itinéraire au cocher; on lui indique la rue et le numéro. Le reste le regarde entièrement, surtout la nuit.

Paoul, militaire, habitant un lieu isolé, ne sortait jamais la nuit sans être armé ; il prend ses pistolet, et Boulanger porte un petit pistolet de poche.

Paoul et Boulanger étaient assoupis dans le fiacre. Tout à coup, dans la rue de la Monnaie, les deux portières s'ouvrent avec fracas. Paoul se plaint d'une telle attaque ; on l'entraîne, on le serre ; il ne fait aucune résistance. Il est bien établi par le témoignage de plusieurs sergens de ville que Paoul n'a pas cherché un moment à faire usage de ses armes. Lesprit et Voisin se sont rétractés, et ils ont prétendu qu'ils avaient pris le scintillement de la glace pour le feu d'un pistolet.

Si Paoul avait tiré sur les agresseurs, c'eût été un malheur ; mais surpris qu'il était, ne sachant à qui il avait affaire, son action n'eût eu rien de criminel.

Aucune démonstration hostile de Paoul : à peine il a fait trente pas attaché aux bras des sergens de ville, on s'écrie : *Il est armé, il faut le fouiller !* on le fouille ; on crie encore, *il faut le tuer !* On se précipite sur lui, à coups de crosses de fusils, de sabres et d'épées ; son bras est percé, et il reçoit à la tête de profondes blessures dont il portera toujours les cicatrices. Paoul avait souvent été blessé par les ennemis de la France. Il tombe baigné dans son sang, et ne doit la vie qu'à la multiplicité même des assaillans. Les coups, en se heurtant, se neutralisaient et n'arrivaient pas à leur destination. On entraîne Paoul à la préfecture. Là, un nouveau supplice l'attendait ; il s'avance entre deux haies d'agens de police qui l'insultent et le frappent durement : on dirait un soldat passé par les armes ; on le jette mourant et sans secours dans un cachot.

L'infortuné Boulanger éprouvait les mêmes traitemens; il se jeta en suppliant aux pieds de ceux qui le maltraitaient; ils lui brisèrent les dents avec le pommeau d'une épée..., d'une épée de police. Cet homme, furieux, et se croyant perdu, se précipita sur Paoul qu'il accusait de son malheur. On arracha difficilement Paoul des mains de Boulanger.

Boulanger, irrité, plein de haine, hors de lui-même, ne gardera aucun ménagement; il dira tout ce qu'il sait; on l'interroge, il répond comme aujourd'hui que Paoul se rendait chez son frère malade. Je crois à un témoin qui justifie celui qu'il voulait égorger.

Pourquoi défendre Paoul? C'est à lui d'accuser; un meurtre a été commis; des actes de barbarie ont été exercés sur un homme sans défense; un sang précieux versé tant de fois pour le pays a rougi les pavés de la préfecture; les coupables sont nombreux, les faits sont avérés; je les dénonce à M. l'avocat-général, et je le somme de poursuivre!... On ne trouve nulle part, même à Constantinople, une police qui ègorge; les muets ne portent pas le cordon sans un ordre du sérail.

Je ne doute pas que les agens que je dénonce ne soient désavoués et punis. M. le président a déjà exprimé sa publique désapprobation.

Le jeune Theissier, garçon marchand de vin, réprimandé et chassé par Paoul, n'a pas osé paraître aux débats; il n'a été entendu que par le juge d'instruction: ce n'est pas un témoin. Mon client pourrait accepter toute cette déposition : comme celle de Favart, elle eût été rétractée sur un point en présence du jury. Theissier avoue que la maladie du frère de Paoul donnait de l'inquiétude le 1er février; il est d'accord avec le médecin; seulement il prétend que l'on n'attendait pas

Paoul, et que jamais il ne passait la nuit auprès de son frère : on ne l'attendait pas, sans doute; il avait été prévenu par un étranger.

Theissier couchait au cinquième étage; Paoul avait une clef de la maison, et souvent il s'en était servi pour veiller son frère à l'insu du domestique qui était fort insouciant et ne s'occupait que de la cave et de la distribution du vin. D'ailleurs, Paoul, averti du danger que courait son frère, pouvait faire le 2 février ce qu'il n'avait pas fait encore. C'est à onze heures du soir qu'il voulait se rendre auprès de lui; il en fut empêché par le sommeil : il n'y a rien dans tout cela de contradictoire.

Paoul n'allait pas à un combat; un fait achèvera ma démonstration : Paoul ne portait ni cartouches, ni munitions; ses pistolets à petit calibre et cannelés ont une charge particulière; il n'eût donc pu trouver dans la rue des Prouvaires des balles pour charger ses armes et soutenir un engagement; il n'était préparé que contre une attaque de voleurs.

En vous demandant, Messieurs les jurés, l'acquittement de Piégard-Sainte-Croix, de Guérin et de Paoul, je me suis adressé à votre justice et à votre raison; puissent mes dernières considérations toucher vos cœurs. Une mère de famille, une femme dévorée d'inquiétude et prête à se livrer aux actes du plus violent désespoir m'a souvent interrogé en me confiant une cause à laquelle sont attachées sa vie et l'existence de ses enfans. J'ai calmé sa douleur par des espérances. Lui dirai-je aujourd'hui : « Je vous avais trompée avec » des promesses téméraires; mes efforts ont été impuis- » sans; un Liasse a triomphé; je n'ai pu émouvoir vos » juges. Vous ne reverrez plus celui qui était l'âme de » votre commerce, l'unique appui de votre maison.

» Résignez-vous à une séparation que je croyais impos-
» sible; mais enfin un arrêt condamne votre mari et
» vous condamne tous à la misère. »

... Ah! Messieurs les jurés, vous me donnerez d'autres nouvelles à porter à la dame Piégard et à ses enfans : je n'aurais pas le triste courage de leur annoncer une fatale sentence.

Serez-vous aussi sans pitié pour la jeune famille et la jeune femme de Guérin? Elle s'est attachée aux débats; elle est là qui m'écoute et vous redemande son mari. Elle sait maintenant qu'il n'y a contre lui aucun élément de culpabilité; une condamnation serait à ses yeux une affreuse méprise, et le coup serait d'autant plus terrible qu'il serait inattendu.

Guérin, dont l'âme est généreuse, dont toutes les habitudes sont douces et n'ont rien d'alarmant, est tout à coup transformé en conspirateur, en chef supérieur de cette armée occulte qui surgira contre le pouvoir. Il assiste à une réunion, et cette réunion n'a pas lieu; il commande des forces nombreuses, et aucun soldat ne nomme son général de contrebande. Des voix impures se sont élevées pour faire entendre des dénonciations; on a invoqué de fausses listes et par conséquent de faux témoignages.

Guérin, employé dans la maison de S. M. Charles X, nourrissait des regrets; il conservait au vieux roi une vieille reconnaissance : des regrets adressés au malheur sont toujours honorables : la reconnaissance n'est pas contagieuse; enfin Guérin ne repoussait pas des compagnons d'infortune encore plus malheureux que lui. Voilà son crime, tout son crime; ne cherchez pas ailleurs sa culpabilité, ou plutôt hâtez-vous de proclamer son innocence.

Vous n'attendez pas que je vous parle encore de Paoul, de ce digne officier, de ce martyr d'une milice meurtrière, d'une milice de police. En le justifiant, je dresserais un acte d'accusation contre ses bourreaux!...

M. Piégard Sainte-Croix, déclaré coupable de complot suivi d'actes commis ou commencés, mais avec des circonstances atténuantes, et M. Guérin, déclaré coupable de complot simple, ont été condamnés à cinq années de détention. Cet arrêt, rendu le 25 juillet 1832, à neuf heures du matin, après une nuit d'attente, a produit une douloureuse sensation.

M. Paoul a été acquitté.

www.ingramcontent.com/pod-product-compliance
Ingram Content Group UK Ltd.
Pitfield, Milton Keynes, MK11 3LW, UK
UKHW032019260826
14628UKWH00006B/2577

9 782014 031744